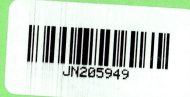

頭のいい子に育つ

0歳からの親子で音読

山《やま》口《ぐち》謡《ヨウ》司《ジ》
大東文化大学教授

さくら舎

おうちの方へ
——0歳児から、親子で音読のすすめ

ことばを覚えて世界探検する赤ちゃん

ことばなしに、人は生きていくことはできません。

ママ、パパからはじまって、ババ、ジジ、ワンワン、ニャンニャン、と**ことばを覚えていくことで、**赤ちゃんの世界探検がはじまっていきます。そして同時に、**赤ちゃんは、生きる術《すべ》を学んでいく**のです。

モノは、名前なしには存在しません。

大切な赤ちゃんには、「将来こうなってほしいなぁ」「こうあってほしいなぁ」などの願いや意味を込めて、名前をつけます。

同じように、身のまわりにあるモノにも、「これは、こんなふうに使うと喜んでくれるもの」「こうやって作られたもの」などの意味が込められています。

たとえば、「花」って、どうしてこんな呼び方をするかご存じですか？

日本語の「花」の「はな」という音は、人の顔の真ん中にある「鼻」と関係があるといわれています。枝のいちばん先っぽのところに「花」が咲くことと、人の顔のいちばん先っぽのところに「鼻」があるからです。

こんなふうに、人とモノとの共通の部分を見つけて名前をつけていったことなどがわかると、名前にも愛着を感じますね。

もうひとつ。「ママ」はどうして「ママ」か、おわかりですか？

ママは、ラテン語でも、イタリア語でも、フランス語でも、スペイン語でも「ママ」です。英語では「マム」といったりしますが、ほとんど同じだと考えてかまわないでしょう。

これは「食べる」ことと関係しています。赤ちゃんは、食べなければ力が弱っ

てしまうわけですが、食事は母乳からはじまって、たいてい母親が与えてきました。

フランス語では「食べること」あるいは「おいしいこと」を「miam miam（ミィアム ミィアム）」といいます。これは、発音するとわかるように、赤ちゃんが口にミルクや離乳食のようなものを入れて、クチュクチュと食べている音を真似《まね》て、ことばにしたものなのです。

また、「食べる」はフランス語では「manger（モンジェ）」といいますが、これも「mama（ママ）」の「ma」と同じことばではじまっていますね。

ことばは、音と無関係に増えていくわけではないのです。

音と文字の一致を学んでいく赤ちゃん

ことばは、もともと音からはじまっています。音があって、それを記録として遠隔地の人、後世の人に伝えるという目的で、文字が発明されました。

こどもは、小学校に入る6歳ころまでに、日本語の場合はまず〈ひらがな〉や〈カタカナ〉を覚えていきます。つまり、発音する「音」が「文字」と一致することを学んでいくのです。

これは、口と耳と目の感覚を、同時に使う力を養わないといけませんから、そんなに簡単に読み書きができるようになるものではないのです。

だからこそ、まだ赤ちゃんのときから、**お母さんやお父さん、おうちの方が、声に出しながら、文字を見せていくようにすると、無意識ながらもそれを真似て発音するようになります。だんだん音と文字が連動することを覚えていくこ**

とになるのです。

　最初のうちは「あー」「うー」といった反応でしょう。でも、それはことばの世界を探検する赤ちゃんの第一歩なのです。

2歳で本が読めるようになる！

「2歳で本が読めるようになる」というと、多くの方が「まさか！」といいます。でも、楽しく、たくさん笑いながら、この**「聞く音＝言う音＝読む文字」の連係プレーをしていくと、しなかった赤ちゃんたちに比べて、本を読みはじめるのが早くなる**のはたしかです。

　本が早く読めるようになると、当然、学力も違ってきますし、語彙《ごい》力もどんどん伸びてきます。

　とはいえ、いきなりむずかしい本を使って、赤ちゃんに、「聞く音＝言う音＝読む文字」連係プレーをしても、楽しくないので効果はありません。

　楽しくおこなうには、「オノマトペ」（擬音《ぎおん》語や擬態《ぎたい》語のこと）をうまく使った、リズムのいい文章がぴったりです。

　世界中の言語のなかで、日本語ほど、オノマトペがたくさんある言語はないといわれます。じつは古来、日本語は、オノマトペを元にことばを発達させてきました。

「クスクス笑う」と「くすぐる」、「アカアカしている」と「明るい」「赤くなる」、「ウルウル」と「潤《うる》む」など、例はいっぱい出てきます。

絵とオノマトペことばで感受性を養う

いま、教育現場では「文章を読解する力がない子どもが増えている」ということが、さかんにいわれます。文章読解力がないのは、子どもたちが「要点をつかむ力」を養ってきていないからなのです。

それでは、要点をつかむ力とは何かというと、「特徴をとらえるイメージ力」です。**文章から音や光やにおいや色などをイメージしていく、いきいきとした力を受け取る「感受性」を養う**ことです。

大きくなってからだと、こうした感受性はなかなか育てることができません。赤ちゃんのときから養っていく必要があるのです。

この本は、楽しい絵とオノマトペを使ったことば・文で構成してあります。ページをめくって、**絵を指しながら、リズミカルなオノマトペことばを赤ちゃんといっしょに音読するようにしましょう。親子でいろいろな感覚を楽しめ、思わず笑いもこぼれます。**

絵とことばからイメージしたことを加えたりしていただくのもいいですね。親子で自由に楽しく音読してください。

ことばがピチピチ跳《は》ねまわると、まわりも元気になっていきます。元気にのびのび、すくすく、たくさんのことばを音読して覚えていくと、赤ちゃんの世界もどんどん広がっていくにちがいありません！

山《やま》口《ぐち》謡《ヨウ》司《ジ》

あさ

おはよう

けっこー

こけこっこー

かめ

にこにこ

のんびり

かめるるん

さめ

がおー
つよいぞ
まけないよ

たこ

ぬるぬる

ぐにゅぐにゅ

すみ　はくぞー

なみ

ざぶん　ざぶん

とり　ちっち

はな

あか　しろ

きいろ

わらってる

まつ

ちくちく

はっぱ　で

まってるよ

やま

たかーい　たかーい

やまのぼり

らくだ

とおい　おそら

みて

てくてく

ふわふわ

あまーい

わたがし

わくわく

オノマトペ遊び ①

まるまる　もりもり

むむむむーん

ぱらぱら　ぷるぷる

ぴぴぴぴーん

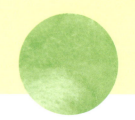

みゅみゅみゅ

ぴゅぴゅぷー

ぽぽぽぽ

ぷるーん

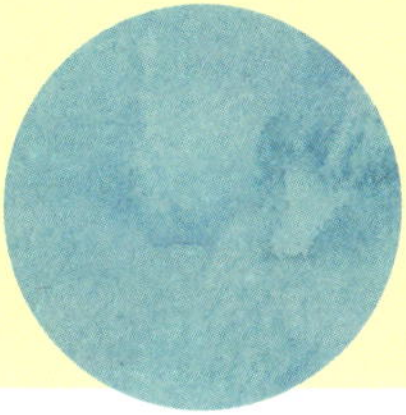

いえ

おかえり

ただいま

いってらっしゃい

きじ

けんけん

なくよ

おしゃれさん

しか

ぴんぴん　とんで

こっちみて

ちゅん
ちゅん

ちゅんちゅん　すずめ
おはなし　だいちゅき

にゃん
にゃん

にゃんにゃん

ねこちゃん

ねんね　ねこちゃん

ひかり

ほたる　ぴかぴか

おほしさま　ぴかぴか

みかん

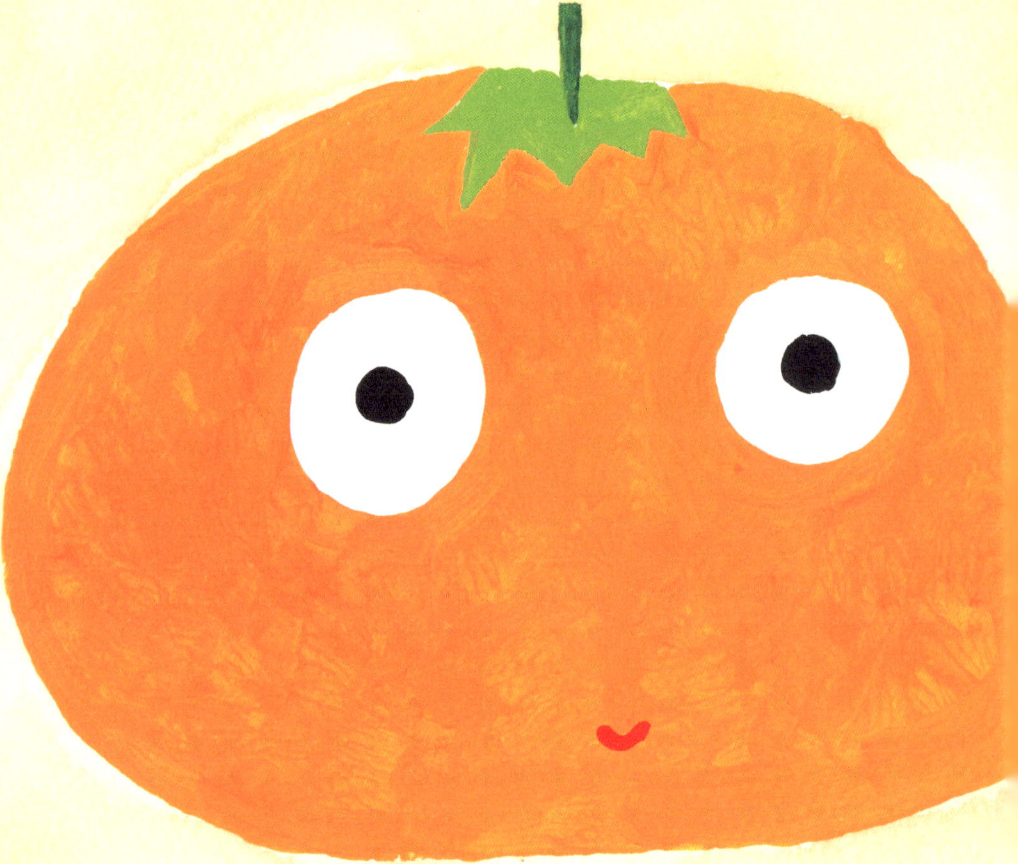

おおきいみかん

ころころ　みかん

りんご

おとなのりんご

あかちゃんりんご

オノマトペ遊び ❷

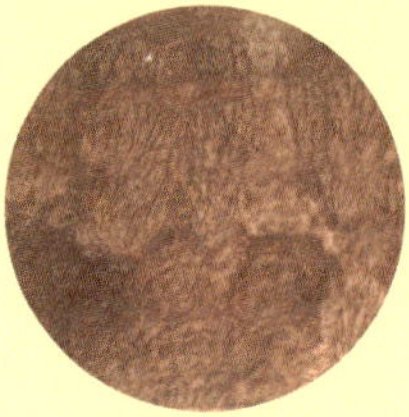

ああああ　たーん

ままままま　ばーん

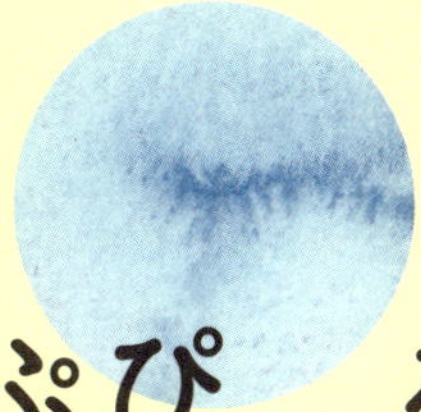

ぷぴぷぴ　るるちー

ちちちち　なまわー

うま

ぱかたん　ぱかたん

どんどんかける

くま

おいどん　は

くま　で　ごわす

ごわー　ごわー

すいか

ごろごろ

ころぶ

すいかさん

つる

とおい

ところまで

とんで　つる

ぬー

おおきな　ぬー　が

のっそり　ゆったり

ふじさん

すっくと　すっきり

おおきく　たかく

むし

いっしょに　おどろう

わいわいわい

ゆらゆら

うみで

ゆらゆら

おふねで

ぷかぷか

かんがるー

るんるん　じゃんぷ

ぴんぴんぴん

山口謠司《やまぐち・ヨウジ》

1963年、長崎県に生まれる。大東文化大学文学部教授。中国山東大学客員教授。博士（中国学）。フランス国立社会科学高等研究院大学院に学ぶ。ケンブリッジ大学東洋学部共同研究員などを経て、現職。イラストレーター、書家としても活動。

著書にはベストセラー『心とカラダを整える おとなのための1分音読』（自由国民社）、『語彙力がないまま社会人になってしまった人へ』（ワニブックス）をはじめ、『日本語通』（新潮新書）、『日本語を作った男』（集英社インターナショナル、第29回和辻哲郎文化賞受賞）、『文豪の凄い語彙力』『一字違いの語彙力』（以上、さくら舎）などがある。

頭《あたま》のいい子《こ》に育《そだ》つ 0歳《さい》からの親子《おやこ》で音読《おんどく》

2019年8月11日　第1刷発行
2025年1月26日　第17刷発行

絵・ことば　山口謠司《やまぐちヨウジ》

発行者　古屋信吾

発行所　株式会社さくら舎　http://www.sakurasha.com
〒102-0071 東京都千代田区富士見1-2-11
電話（営業）03-5211-6533（編集）03-5211-6480
FAX 03-5211-6481 振替 00190-8-402060

装丁　アルビレオ

印刷・製本　中央精版印刷株式会社

ISBN978-4-86581-212-1